Kamran Shaukat
Nayyer Masood
Sundas Mehreen Fatima Haider

População de dados no esquema da tabela Web extraída

Kamran Shaukat
Nayyer Masood
Sundas Mehreen Fatima Haider

População de dados no esquema da tabela Web extraída

ScienciaScripts

Publisher:
Sciencia Scripts
is a trademark of
Dodo Books Indian Ocean Ltd. and OmniScriptum S.R.L publishing group

120 High Road, East Finchley, London, N2 9ED, United Kingdom
Str. Armeneasca 28/1, office 1, Chisinau MD-2012, Republic of Moldova, Europe
Printed at: see last page
ISBN: 978-620-7-66806-9

ÍNDICE DE CONTEÚDOS

CAPÍTULO 1

INTRODUÇÃO

A World Wide Web contém diferentes sítios Web, estes sítios contêm páginas Web relacionadas e estas páginas Web contêm diferentes tipos de dados, como imagens, áudio, vídeo, algum texto simples e tabelas. Quase todas as páginas Web contêm tabelas, mesmo que tenham apenas texto simples. No passado, as tabelas HTML eram utilizadas apenas para efeitos de apresentação, mas atualmente também são utilizadas para mostrar alguns dados. A maioria das tabelas Web contém dados não estruturados, mas também contém dados estruturados. Os dados contidos nas tabelas HTML não são estruturados; estas tabelas são construídas utilizando a etiqueta table no HTML Cafarella et al. Os dados contidos nestas tabelas parecem dados relacionais mas, na realidade, não são dados relacionais, apenas têm este aspeto. As tabelas construídas através da utilização de etiquetas não são úteis para o processamento posterior, como a consulta destes dados.

Em palavras simples, a tabela contém dados textuais sob a forma de tabela, os dados nas tabelas são escritos sob a forma de campos e registos. No entanto, as tabelas HTML são construídas utilizando a etiqueta "table tag" e são apenas tabelas legíveis por humanos, pelo que, quando aplicamos consultas no motor de busca para obter dados destas tabelas, o motor de busca fornece-nos o URL relacionado com estes sítios Web e não os dados exactos, devido aos dados não relacionais na tabela HTML. Para este efeito, temos de extrair a tabela das páginas Web. Para a extração da tabela, podemos utilizar várias abordagens, como modelos de Markov ocultos, aprendizagem de regras ou campo aleatório condicional (CRF). Em seguida, convertemos estas tabelas legíveis por humanos em tabelas legíveis por máquinas, guardando os dados da tabela HTML numa base de dados relacional. Para consultar os dados da base de dados, temos de aceder ao esquema das tabelas; existem muitas abordagens na literatura que são utilizadas para a extração de esquemas a partir de dados apresentados na Web sob a forma de tabelas.

A nossa abordagem atual consiste em extrair os dados e o seu esquema da tabela HTML e, em seguida, guardá-los na base de dados sob a forma de dados relacionais, para que se possa consultar esses dados. As nossas abordagens actuais tornam a página independente e dão uma resposta precisa e exacta à nossa consulta.

1.1 Declaração do problema

Atualmente, são apresentadas as metodologias de extração de esquemas que convertem dados tabulares em esquemas relacionais. Esta forma de esquema permite consultar uma tabela simples anterior e extrair dados de forma estruturada e significativa. Ao procurar dados tabulares, o motor de busca devolve URLs que consomem muito tempo. A nossa proposta de investigação ultrapassa todos estes problemas, preenchendo os dados em tabelas Web, de modo a obter tabelas em vez de URLs.

1.2 Objetivo da investigação

As páginas Web contêm dados tabulares em formato legível por humanos, pelo que não é possível efetuar consultas sobre estes dados. Estas tabelas são depois convertidas em tabelas relacionais, que são legíveis por máquina, e agora é possível consultar estes dados. O nosso objetivo é converter novamente as tabelas legíveis por máquina em tabelas legíveis/compreensíveis por humanos, para que seja possível preencher os dados da tabela relacional da base de dados nas tabelas Web. O investigador anterior não estava a executar esta tarefa. O preenchimento dos dados da base de dados para as tabelas Web não foi efectuado anteriormente.

1.3 Estrutura do livro

A restante estrutura do livro é a seguinte. No Capítulo 2, é apresentada a revisão da literatura sobre técnicas de correspondência de esquemas e técnicas de extração de esquemas. São abordadas várias técnicas relacionadas com a população de dados nas páginas Web. No capítulo 3, é apresentada a metodologia proposta que é seguida no trabalho de investigação atual, com diferentes passos seguidos pelas técnicas CRF e de correspondência de esquemas e é também apresentada a análise qualitativa. No capítulo 4, é apresentada a validação e a avaliação dos resultados. No capítulo 5, são apresentadas as conclusões e as futuras direcções de trabalho.

CAPÍTULO 2

REVISÃO DA LITERATURA

2.1 WebTables:

Há uma enorme quantidade de dados não estruturados na World Wide Web, mas estes também contêm tabelas HTML de dados estruturados. As colunas digitadas e o rótulo da tabela relacional têm o seu próprio "esquema", pelo que se pode dizer que cada tabela é uma pequena base de dados. Cadarella et al. descrevem um sistema WebTables para encontrar as técnicas de dados estruturados para efeitos de pesquisa nos motores de busca. Propuseram uma pesquisa eficaz numa grande coleção de tabelas que não tinha sido proposta antes para um grande repositório de tabelas. Também propuseram uma técnica de pesquisa por palavras-chave para um corpus de diferentes tabelas que apresenta resultados mais relevantes do que os anteriores motores de pesquisa.

Propuseram um algoritmo denominado ACSDb (Attribute correlation statistics database - base de dados de estatísticas de correlação de atributos) que apresenta resultados muito precisos de deteção automática de sinónimos. Com este algoritmo, utilizaram algumas aplicações adicionais para melhorar a precisão e a relevância das palavras-chave, como o preenchimento automático do esquema, utilizado para completar automaticamente os atributos do utilizador e também para sugerir os atributos; atributo de procura de sinónimos, que utiliza o atributo do contexto como entrada e apresenta uma lista de sinónimos desse atributo; encontra automaticamente os sinónimos entre o atributo da cadeia; passagem do gráfico de junção, que gera automaticamente ligações que são unidas e um utilizador pode navegar entre o esquema que foi extraído utilizando este método.

O preenchimento automático de esquemas, que ajuda o conceptor da base de dados a escolher os elementos do esquema; a pesquisa de sinónimos de atributos, que calcula automaticamente os pares de sinónimos de atributos para correspondência de esquemas; e a passagem do gráfico de junção, que permite ao utilizador navegar entre esquemas extraídos utilizando ligações de junção geradas automaticamente Cafarella et al.

2.2 Informação de tabelas Web:

O maior repositório de dados, com uma estimativa de mais de 150 milhões de tabelas de alta qualidade, está disponível na Web. Muitas pessoas trabalharam para permitir ao utilizador consultar estes tipos de tabelas, mas continua a ser um grande desafio, porque estão disponíveis na Web vários tipos de estruturas de tabelas. Lautert et al. propuseram uma taxonomia de tabelas relacionais primárias e secundárias, e também descreveram um classificador para a categorização de tabelas. As tabelas da Web são classificadas em diferentes tipos, como mostra a figura 1 abaixo.

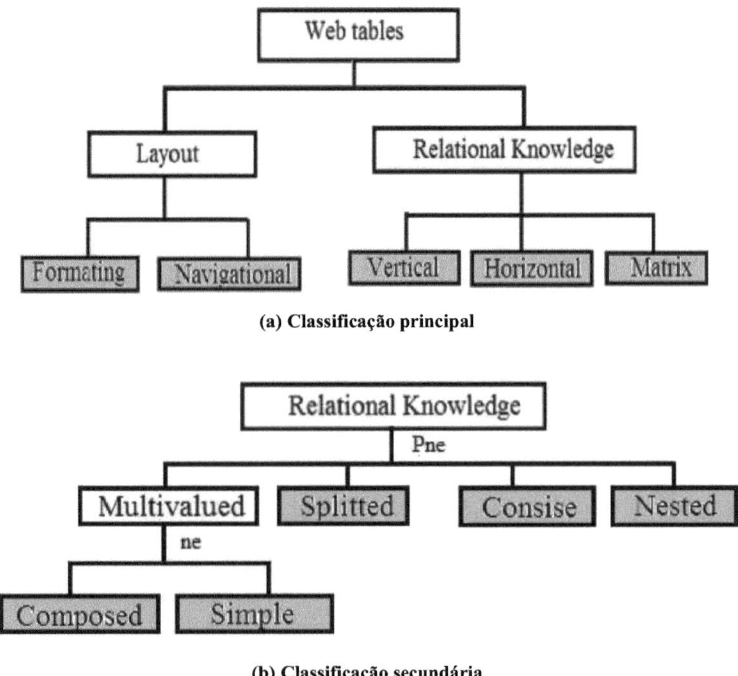

(a) Classificação principal

(b) Classificação secundária

Figura 1 Classificação das tabelas Web

Lautert et al. propuseram uma técnica de formalização e, para a estrutura tabular, propuseram uma taxonomia através de resultados experimentais. Também propuseram um WTClassifier que é utilizado para classificar tabelas da Web e também é utilizado para categorizar tabelas da Web com mais de trezentas mil na sua taxonomia. O autor classificou diferentes tabelas utilizando o WTClassifier, como se pode ver abaixo.

1- Horizontal: Esta tabela é a forma mais simples de WT com um cabeçalho na primeira linha, seguido de todas as outras linhas de dados que descrevem as etiquetas dadas, tal como definido no exemplo dado:

Student ID	Student Name
10	Fatima
20	Sundas
30	Abu Bakar
40	Arif

Quadro 1 Quadro horizontal da teia

2- Vertical: diz-se que um quadro é vertical se o cabeçalho do quadro for apresentado na primeira coluna e as outras colunas descreverem esse cabeçalho.

Fatima Haider	
Student ID	10
Department	IT
City	Mangla

Quadro 2 Quadro vertical da Web

3- Matriz: quando as etiquetas do cabeçalho são definidas nas dimensões horizontal e vertical, designa-se por tabela web matricial.

Session	2013	2014	2015
Spring	990	549	765
Fall	457	498	855

Quadro 3 Tabela de matrizes web

4-   Conciso: A tabela em que uma ou mais células são fundidas. Para a tornar mais compacta, evita a redundância de valores.

PLANT	COLOR	HEIGHT
SHRUBS		
Azalea	variable	shrub
Buddleia	blue, pink, white	shrub
CULTIVATED ANNUALS		
Alyssum	violet, white	4 inches

Year	Title
2010	Death at a Funeral
	I Love You Too
	Pete Smalls Is Dead
2011	A Little Bit of Heaven

Quadro 4 Quadro Web conciso

5-   Aninhadas: Diz-se que as tabelas que contêm subtabelas são WT aninhadas.

6-   Divididos: Os WT que, por razões digamos espaciais, estão divididos e posicionados lado a lado ou uns sobre os outros.

Rank	City name	Pop.	Rank	City name	Pop.
1	São Paulo	11,316,149	6	Belo Horizonte	2,385,639
2	Rio de Janeiro	6,355,949	7	Manaus	1,832,423
3	Salvador	3,093,605	8	Curitiba	1,764,540
4	Brasília	2,609,997	9	Recife	1,536,934
5	Fortaleza	2,476,589	10	Porto Alegre	1,413,094

Quadro 5 Tabela de teia dividida

7-   Multi-valorizado: As tabelas em que alguns valores de dados são conjuntos de outros valores de dados e têm valores múltiplos na célula.

8-   Simples com vários valores: a tabela que tem vários valores contra uma etiqueta numa única célula.

9- Composto multivalorado: a tabela que contém dados de várias etiquetas numa célula.

10- Layout: a tabela que é utilizada para organizar vídeos, imagens, etc., é utilizada para efeitos de layout. Lautert et al

2.3 Utilização de WebTables na prática:

Este documento descreve os principais desafios enfrentados pelos investigadores: i) encontrar tabelas que contenham dados de alta qualidade; ii) recuperar a semântica das tabelas que dão a entender a semântica. Em primeiro lugar, criaram um motor de busca para dados estruturados com índices de cem milhões de tabelas HTML e, em segundo lugar, permitiram que os utilizadores do Google Docs encontrassem tabelas

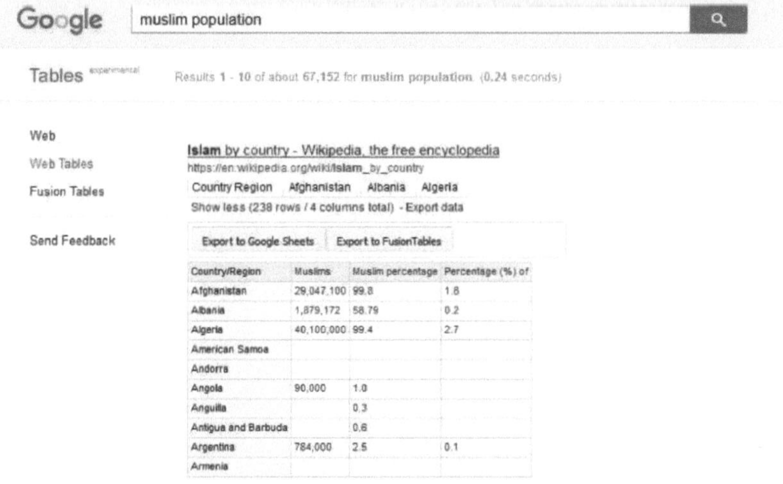

de dados relevantes, como mostra a figura

Figura 2 Ferramenta Google Docs

Os seus dois principais objectivos são caraterizar a qualidade e o tamanho dos dados estruturados. O primeiro desafio é o desequilíbrio extremo entre tabelas más e boas e o segundo desafio é a qualidade da tabela. Reuniram os padrões frequentes de tabelas más e conceberam alguns filtros para as tabelas. As três principais características para a construção dos seus classificadores são: seleção do modelo, exemplos de treino e conceção das características. Utilizaram o classificador SVM e o knowledge graph (KG) do Google para mapear valores para entidades e depois para classes. Também trabalham com legendas e com o texto que envolve a tabela. Asseguram que os resultados relevantes são devolvidos aos utilizadores e criaram um índice que identifica cada token. Propuseram que a ferramenta de investigação do Google é uma parte do Google Docs, que proporciona aos utilizadores uma forma fácil de procurar informações enquanto trabalham nos seus documentos Balakrishnan et al.

O seu objetivo é criar o maior corpus de dados estruturados e desenvolver uma melhor compreensão da estrutura ou semântica das tabelas e da semântica das consultas, o que melhorará a cobertura Balakrishnan et al.

2.3 Extração de tabelas:

A tabela é conhecida como uma representação muito comum do esquema. As tabelas são fáceis e simples de utilizar e são utilizadas para muitos fins diferentes. As tabelas são muito úteis porque tornam o documento mais compreensível, a recuperação de texto é mais fácil com a utilização de tabelas, a resposta e o questionamento são muito fáceis com a utilização de tabelas e também são úteis para programar e organizar os dados de qualquer tipo.

Muitos investigadores têm-se concentrado na extração de dados de texto, mas apenas alguns investigadores se concentram na extração de dados tabulares. Neste artigo, o autor centra-se na extração de tabelas a partir de textos HTML em grande escala. Também se concentram na apresentação, filtragem, interpretação e reconhecimento de tabelas. Para identificar as semelhanças entre as células da tabela, são utilizadas regras heurísticas. Para capturar a relação atributo-valor entre as células da tabela, Chen et.al propõe um algoritmo para que os dados sejam apresentados e extraídos de forma mais estruturada.

O fluxo da extração de tabelas é composto por cinco módulos: Processamento de hipertexto, filtragem de tabelas, reconhecimento de tabelas, interpretação de tabelas e apresentação de resultados. O fluxo de extração de tabelas é apresentado na figura seguinte.

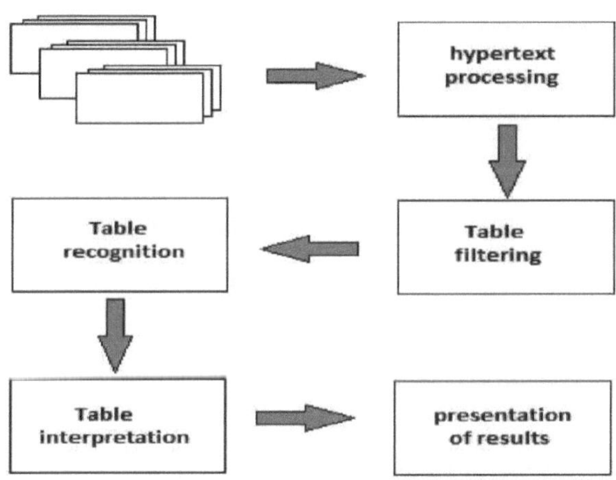

Figura 3 Fluxo da extração de tabelas

1. Processamento de hipertexto: este módulo é utilizado para a análise do texto HTML e para a extração das etiquetas de tabela.

2. Filtragem de tabelas: este módulo utiliza regras heurísticas para filtrar casos impossíveis.

3. Reconhecimento de tabelas: Para análises mais aprofundadas, os outros candidatos são direccionados para o reconhecimento de tabelas.

4. Interpretação de tabelas: este módulo é utilizado para diferenciar as funções das células numa tabela.

5. Apresentação dos resultados: este é o módulo final que é utilizado para empregar e apresentar os resultados da extração Chen et al.

2.4 Compreender as tabelas da Web:

A World Wide Web contém informação mas, na sua maioria, esta informação só é compreensível por humanos e não por máquinas. É um desafio tornar a informação compreensível por humanos numa informação compreensível por máquinas e também capaz de ser processada por máquinas. Atualmente, a conversão de informação compreensível por humanos em informação compreensível por máquinas é muito difícil e também muito dispendiosa. Neste documento, o autor centra-se na compreensão das tabelas na Web e também na extração de dados estruturados para obter informações de documentos da Web. Os dados estruturados com que estamos a lidar são tabelas. Aqui, a seleção das tabelas é dupla. A razão subjacente é que na Web existem milhares de milhões de tabelas e a maior parte delas contém informações valiosas. Em segundo lugar, há algumas tabelas que são muito fáceis de compreender porque estão bem estruturadas. Por outro lado, no caso de grandes corpus da Web, a conversão de texto livre em dados estruturados é morosa e muito dispendiosa.

A partir de 0,3 mil milhões de documentos da Web, Wang et.al encontraram 1,95 mil milhões de tabelas e, a partir destas, encontraram também o,5-1% de tabelas que contêm informações e propriedades de diferentes entidades que são significativas, tendo-se concentrado   na deteção deste tipo de tabelas,
para compreender o conteúdo, como a pesquisa. Para uma melhor compreensão das tabelas e para enriquecer a interpretação, utilizaram a taxonomia.

Descreveram os resultados experimentais de grande escala que determinam a exequibilidade da abordagem proposta, e também para permitir a recuperação de informação na Web através dos dados estruturados construíram um motor de busca semântico sobre tabelas.

Este documento centra-se igualmente no enquadramento dos dados relacionais na Web a partir do corpus para produzir conhecimentos úteis. Com a ajuda de um algoritmo multifásico e de uma taxonomia probabilística universal, conhecida como

Probase, o quadro é agora capaz de compreender os atributos, as entidades e os valores de diferentes tabelas na Web. Com a ajuda deste conhecimento, construíram duas aplicações muito interessantes: uma é um motor de busca para tabelas semânticas, que a partir de uma consulta por palavra-chave pode devolver tabelas relevantes para a consulta, e a segunda é uma ferramenta para expandir e enriquecer o Probase.

O trabalho proposto e a experiência mostram geralmente um elevado desempenho na expansão da taxonomia e também no resultado da pesquisa em tabelas. Assim, isto mostra que a estrutura que propuseram é, na prática, mais benéfica para a pesquisa semântica e a descoberta de conhecimentos Wang et al.

2.5 Reconhecimento dos quadros:

Há muitos documentos que contêm tabelas, que podem ser melhoradas para compressão, edição, reutilização e para efeitos de recuperação de informação. São aplicadas várias abordagens para o reconhecimento de tabelas. Neste estudo, Zanibbi et.al apresentam a literatura sobre o reconhecimento de tabelas como uma interação entre o modelo da tabela, a transformação, a inferência e as observações.

O reconhecimento de tabelas é utilizado para recuperar tabelas de documentos codificados. O reconhecimento de tabelas é dividido em duas sub-tarefas principais por Hu et.al. [39], as sub-tarefas são o reconhecimento da estrutura das tabelas e a deteção de tabelas. A instância do modelo de tabela é segmentada na deteção de tabelas e, utilizando o modelo de tabela detectado, as tabelas são decompostas e analisadas no reconhecimento da estrutura da tabela.

A estrutura lógica e física das tabelas é definida pelo modelo de tabela; este modelo é utilizado para diferentes fins, nomeadamente para detetar as tabelas e para decompor e analisar as tabelas detectadas. O reconhecimento da estrutura e a deteção de tabelas são ainda divididos neste documento, que descreve ambos como a ordem de três operações básicas: transformação, observação e inferência. A observação inclui a pesquisa e a medição dos dados, a transformação e a reestruturação dos dados, e a inferência inclui o teste e a criação de hipóteses (por exemplo, a localização da tabela).

Nesta pesquisa, foi apresentada a literatura sobre o reconhecimento de tabelas em termos de modelo de tabela, transformação, observação e inferências, conforme apresentado na Figura 4

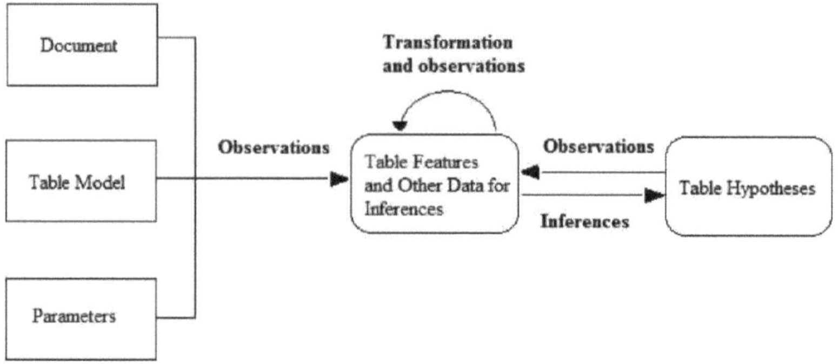

Figura 4 Processo de reconhecimento de tabelas

No processo de tomada de decisão, o modelo de tabela desempenha um papel vital, porque define depois quais as funções necessárias e é sugerido ou definido um conjunto de pressupostos sobre a estrutura e a localização da tabela. As tolerâncias e o limiar de decisão são definidos por parâmetros de entrada que fornecem o valor do parâmetro do modelo de tabela e também fornecem algumas informações adicionais para a tomada de decisões Zanibbi et al.

2.7 Tabelas relacionadas:

As tabelas relacionadas podem ser unidas utilizando junções como, por exemplo, para alargar uma tabela que contém cidades com a coluna da temperatura média, mas a questão é avaliar a relação. Este artigo propõe um conjunto de algoritmos para detetar a relação entre tabelas que podem ser unidas ou unidas. Para melhorar os resultados das pesquisas de tabelas, seleccionando as tabelas com melhor classificação. Considera dois tipos mais comuns de tabelas relacionadas, ou seja, Complemento de Esquema e Complemento de Entidade, que são produzidos em resultado da aplicação de diferentes tipos de condições de projeção para consultas estruturadas de forma semelhante. Também implementaram um classificador baseado em regras e aprendido por máquina para detetar colunas de assunto e linhas de cabeçalho de todas as tabelas no corpus completo Sarma et al.

O principal problema discutido é a relação entre as tabelas de uma grande coleção de corpus heterogéneo. Foi descrito um algoritmo para classificar as tabelas com base no complemento do esquema e no complemento da entidade Sarma et al.

Trabalhar na Web Relacional:

A World Wide Web é constituída por um grande número de documentos não estruturais, mas os dados estruturais são apresentados sob a forma de tabelas HTML. O projeto de tabelas Web tem por objetivo extrair e utilizar as tabelas estruturadas na Web. Os autores propuseram uma técnica de recuperação de relações que permite extrair exatamente as tabelas HTML que são relacionais.

```
                #rows
                #cols
        % rows w/mostly NULLS
      # cols w/non-string data
        cell strlen avg. μ
        cell strlen stddev σ
          cell strlen μ/σ
```

Figura 5 Filtragem relacional

```
                #rows
                #cols
        % rows w/lower-case in row_1
        # cols w/punctuation in row_1
      % cols w/non-string data in row_1
      # cols w/non-string data in body
        % cols w/|len(row_1)- μ > 2σ
    % cols w/σ <= | len(row_1)- μ |<= 2σ
        % cols w/σ > |len(len_1) - μ|
```

Figura 6 Deteção de cabeçalhos

A recolha limpa de tabelas relacionais pode melhorar a pesquisa na Web. As tabelas relacionais e não relacionais estão misturadas na Web, sendo muito complexo distingui-las.

Existe uma aplicação que utiliza palavras-chave como entrada e, na saída, devolve as bases de dados relevantes extraídas para além dos URL. Foi proposta a ferramenta de preenchimento automático de esquemas. É muito importante distinguir entre deep-web e web-tables. Outra utilização possível do esquema é o cálculo automático de sinónimos a partir de atributos para correspondência de esquemas. As listas HTML são normalmente utilizadas para apresentar os dados estruturados. Os dados derivados da lista podem ser úteis para o Web-Tables Corpus Cafarella et al.

2.6 Classificação de tabelas e deteção de cabeçalhos:

As tabelas são um documento específico que é considerado como a forma adequada de apresentar dados relacionais e estruturados, em bibliotecas digitais e provavelmente a única fonte de informação. O reconhecimento de tabelas é uma área de investigação antiga. Devido à variedade de estilos de tabelas, não é possível obter resultados satisfatórios e nem sequer um único tipo de algoritmo é perfeito para todos os tipos de tabelas. Identificaram que o cabeçalho da tabela é uma das principais características dos estilos de tabelas complexas e identificaram o conjunto de características que são utilizadas para detetar cabeçalhos a partir de dados tabulares. A extração automática de dados de tabelas é muito importante para a recuperação, a exploração e a utilização completa dos dados Fang et al.

Começam por determinar que tipo de tabelas são e, para além disso, quais são os tipos de cabeçalho e a sua estrutura. Recolheram dados do CiteSeerX para a experiência de investigar o cabeçalho e as categorias das tabelas; o nosso foco principal são os documentos PDF de bibliotecas digitais.

	Consumer Price Inflation (1)	General Government Surplus(+) or Deficit(-	General Government Gross Debt	Long-Term Interest Rate	Exchange Rates Within the EMS		All Criteria Fulfilled	
					Normal Fluctuation Models	ERM Participation	Strict Interpretation (2)	Art. 104c(2) Interpretation (2)
	% Change	% of GDP	% of GDP	%	1995/96	1996		
Belgium	1.9	-2.7	126.7	5.8	Yes	Yes	No	Yes
Denmark	2.4	+0.3	67.2	6.2	Yes	Yes	No (4)	Yes (5)
Germany	1.8	-3.0	61.2	5.6	Yes	Yes	No	Yes

Figura 7 Tabela com cabeçalhos complexos

As tabelas são classificadas em tipos de tabela simples e complexos com base nas características de apresentação. A complexidade deve-se a cabeçalhos de vários níveis, células de várias linhas, tabelas dobradas e longas e muitos casos irregulares, tais como i) modelo de floresta aleatória que utiliza apenas a caraterística de uma única linha ii) apenas a caraterística vizinha que utiliza para a experiência iii) a adição de todas as características em conjunto. Propuseram que, para a classificação eficaz de diferentes tipos de tabelas e a deteção de cabeçalhos, se utilizasse o modelo Random Forest (RF). Propuseram a utilização de técnicas heurísticas e de métodos de aprendizagem automática para classificar melhor as tabelas. Uma deteção correcta do cabeçalho pode melhorar a compreensão e a pesquisa das tabelas. Também é possível efetuar consultas através da pesquisa de cabeçalhos de tabelas em ficheiros PDF Fang et al.

2.9 Campos aleatórios condicionais:

Em diferentes tipos de documentos, as tabelas aparecem em diferentes formatos e com muitas variações. Estas tabelas contêm dados que são utilizados para diferentes tarefas relacionadas com a recuperação de informação, incluindo a sumarização, a recuperação de documentos, perguntas e respostas, etc. Este artigo propõe a utilização de campos aleatórios condicionais para a extração de tabelas e também compara a CRF com o modelo de Markov oculto (HMM).

As CRFs combinaram as utilizações e as vantagens do contexto de estado finito de Markov e do treino de probabilidades condicionais e Pinto et.al demonstram estas vantagens através de resultados experimentais que permitem melhorar os modelos.

Apresentam um modelo de extração de tabelas que integra provas de apresentação e de conteúdo utilizando CRFs. As CRFs são um modelo gráfico treinado não direcionado que dá liberdade para a utilização de características complexas, não independentes, sobrepostas que são operadas a vários níveis de modalidades e granularidade Pinto et al.

Em muitos domínios científicos, existem diferentes problemas, como a etiquetagem e a divisão das sequências. Para estes problemas, são utilizadas gramáticas probabilísticas como as gramáticas estocásticas e os modelos de Markov ocultos (HMMs). Neste artigo, o autor propõe uma estrutura de modelos probabilísticos para a etiquetagem e a divisão de dados de sequências chamada campo aleatório condicional. Há muitas vantagens do campo aleatório condicional em relação à gramática estocástica e ao modelo de Markov oculto para diferentes tarefas. A restrição fundamental, como os modelos de Markov discriminados e os modelos de Markov de entropia máxima (MEMMs) em modelos gráficos dirigidos, é evitada pelo campo aleatório condicional.

Apresentam um algoritmo de parâmetro iterativo para o campo aleatório condicional. O desempenho do modelo resultante em relação aos MEMMs e HMMs é também comparado com os dados de linguagem natural. Consideram também que o CRF é um modelo de estado finito com probabilidades de transição não normalizadas.

Os MEMMs e os campos aleatórios condicionais (CRFs) têm as mesmas vantagens, mas os campos aleatórios condicionais também resolvem o problema do enviesamento das etiquetas de uma forma baseada em princípios. A única diferença entre os MEMM e os CRF é que, para as probabilidades condicionais, os estados seguintes são dados ao estado atual, os MEMM utilizam modelos exponenciais por estado e, para a probabilidade conjunta, os CRF fornecem um modelo que é um modelo exponencial único para a sequência de observação.

O campo aleatório condicional fornece uma combinação exclusiva de diferentes propriedades: para o passado e o futuro, fornece uma observação aglomerativa e uma caraterística de sobreposição; para a etiquetagem e a segmentação de sequências, fornece um modelo de discriminação treinado; descodificação e treino bem organizados, baseados na programação dinâmica; e para encontrar o ótimo global, fornece uma estimativa de parâmetros garantida Lafferty et al.

2.7 Extração de dados:

A integração da informação é um tema muito atual desde há muitos anos. A maioria dos investigadores concentra-se na otimização das consultas, no mapeamento dos esquemas e na reformulação das consultas, mas prestam pouca atenção às condições prévias para a integração da informação e à obtenção dos esquemas de cada sítio Web.

No cenário habitual de integração da informação, todos partem do princípio de que, antes de definir a vista integrada, o esquema de cada sítio Web é conhecido. Os investigadores anteriores supunham que ou a informação sobre o esquema é fornecida por cada sítio web Chawathe et al ou o esquema relacional de cada sítio web é especificado pelo utilizador Kirk et al. Neste artigo, o autor aborda o problema da atribuição de etiquetas significativas aos dados e da extração automática de objectos de dados do sítio web.

Wang et.al concentrou-se especialmente nos sítios Web que oferecem formulários de pesquisa HTML complexos, para além da pesquisa de palavras-chave para o utilizador consultar a base de dados que se encontra no back-end. Para resolver este problema, será necessário capturar o esquema dos dados e extraí-los dos sítios Web, o que facilitará a integração e a manipulação posterior.

Este problema torna-se difícil por três razões. A primeira é que os sistemas têm de lidar com formulários de pesquisa de HTML, que são feitos para uso humano. Isto torna difícil para o programador reconhecer o elemento do formulário e fazer consultas correctas. Em segundo lugar, os invólucros que são criados para cada sítio Web têm de ser suficientemente complexos para extrair dados estruturados aninhados e não apenas dados estruturados simples. Em terceiro lugar, os invólucros gerados baseiam-se principalmente na estrutura das etiquetas HTML e os nomes reais dos campos da base de dados não são normalmente codificados nas páginas Web.

Neste artigo, Wang et.al definiram um sistema DeLa (Data Extraction and Label Assignment), que reconstrói uma base de dados web back-end "escondida". Isto pode ser feito através do envio das consultas por formulários HTML, da geração automática de expressões regulares para a extração de objectos de dados das páginas de resultados e da reposição dos dados recuperados em tabelas. A experiência que realizaram em diferentes sítios Web mostra que o desempenho do DeLa é muito eficaz na indução automática de invólucros, na extração de objectos de dados e também na atribuição de etiquetas com significado aos atributos dos dados Wang et al.

Este documento descreve basicamente as técnicas de extração de dados de sítios HTML utilizando os invólucros gerados automaticamente. Para a geração automática de invólucros e a extração de dados, desenvolveram a técnica de comparação de páginas HTML e, em seguida, produzem um invólucro que se baseia nas suas diferenças e semelhanças. O seu objetivo é extrair automaticamente dados de páginas HTML utilizando wrappers Crescenzi et al.

A sua abordagem não depende de exemplos especificados pelo utilizador e não interage com os utilizadores, o que significa que é completamente automática. Em segundo lugar, o invólucro não tem conhecimento do conteúdo e do esquema das páginas HTML. Os autores propuseram uma nova técnica para a inferência de páginas HTML e processam duas páginas de cada vez com correspondências falhadas que identificam o conteúdo relevante. O algoritmo funciona com duas coisas ao mesmo tempo: a lista de símbolos que são amostras e o invólucro.

Inicialmente, pega numa das duas páginas do invólucro e depois tenta encontrar as expressões regulares mais comuns entre as duas Crescenzi et al.

Apresentaram um método que se baseia em cabeçalhos para completar e extrair dados rotulados. Muitas configurações de tabelas propuseram que algumas requerem acesso a conhecimentos semânticos e clicando numa das células críticas de cada tabela, o que é mais adequado para resolver o máximo de problemas de tabelas. Os caminhos de cabeçalho são a representação mais adequada das tabelas que são visuais e podem ser factorizados em dados estruturados como tabelas relacionais, dados estruturados e triplas RDF Nagy et al.

A indexação multidimensional das tabelas é um pré-requisito para as compreender e para as juntar a uma base de dados que possa ser consultada. As tabelas simples são definidas por duas categorias: por linha ou por coluna. Referiram que uma tabela pode ser distinguida por cabeçalhos virtuais, cabeçalhos no stub, linhas ou colunas múltiplas, indexação de linhas ou colunas. O seu requisito básico é que cada célula de dados possa ser indexada de forma única. As tabelas contêm normalmente a linha agregada, que é o total produzido por toda a tabela e que é difícil de avaliar a partir da coluna. Normalmente, são identificadas com as palavras-chave soma ou total, caso contrário pode ser necessária uma semântica complexa Nagy et al.

2.8 Extração de esquemas de dados tabulares:

Os dados das tabelas são uma fonte muito útil de acesso à informação na Web, mas a maioria das tabelas carece de descrição e de ligações da sua estrutura. O esquema é extraído das tabelas de dados utilizando campos aleatórios condicionais como técnica de classificação combinada com outro método conhecido como binning logarítmico, que foi efetivamente concebido para a extração de dados tabulares.

As tabelas de dados podem ser publicadas em todos os tipos de documentos na Web, como tabelas HTML, folhas de cálculo na Web, tabelas em documentos PDF e muitos outros Abelfio et al.

Muitos esforços de investigação tentaram extrair a estrutura e a informação das tabelas de dados. Normalmente, os dados tabulares mais utilizados nos computadores assumem a forma de XML, RDF, através dos quais o esquema pode ser facilmente acedido através de algoritmos. O principal objetivo é verificar se a tabela é útil ou não, pelo que dividimos as tabelas em duas categorias: tabelas relacionais e tabelas não relacionais. As tabelas relacionais contêm dados úteis e as outras são designadas por não relacionais. Mesmo as tabelas relacionais incluem valores não relacionais, por exemplo, título ou linha agregada. A técnica de aprendizagem automática utiliza um classificador para avaliar se uma tabela é relacional ou não. Depois de verificar as tabelas relacionais, determinamos as linhas de cabeçalho.

As tabelas HTML são normalmente definidas pela etiqueta <table> e as linhas e células são indicadas pelas etiquetas <td> e <td> Abelfio et al.

2.9 Técnicas de correspondência de esquemas:

Este documento propõe técnicas genéricas de correspondência de esquemas; Bernstein et al propõem um novo algoritmo para a correspondência de esquemas que é melhor do que os outros porque é a combinação de todas as diferentes técnicas. Chama-se esquema a uma estrutura formal utilizada para representar elementos como o esquema XML, o esquema SQL, o diagrama ER, a definição de interfaces ou a definição de formulários e a descrição de ontologias. Há um problema de semelhança entre os elementos de dois esquemas; este problema é conhecido como correspondência de esquemas. Esta semelhança é a associação entre um ou mais componentes de um esquema e um ou mais componentes de outro esquema. Inicialmente, a correspondência de esquemas foi estabelecida como parte da aplicação, mas atualmente pensa-se que será mais vantajoso se for estabelecida como um tópico distinto.

Neste artigo, o autor propõe um novo algoritmo de correspondência de esquemas, denominado Cupid, que combina diferentes técnicas. Os autores concluíram uma comparação de duas outras técnicas, MOMIS Bergamaschi et al e DIKE Palopoli et al, com o Cupid, que foi efectuada pela primeira vez na história da correspondência de esquemas.

Neste documento, descrevem brevemente as técnicas genéricas de correspondência de esquemas e resumem-nas desde que publicaram o seu artigo de 2001 Madhavan et al. Os dois estudos Rahm et al Shvaiko et al, e dois livros sobre correspondência de esquemas Bellahsene et al Euzenat et al definem as técnicas de correspondência de esquemas, seguindo-se a lista das diferentes técnicas de correspondência de esquemas: Correspondência linguística, Utilização de informação auxiliar, Correspondência baseada na estrutura, Correspondência baseada na instância, Correspondência baseada em restrições, Correspondência híbrida, Correspondência baseada em regras Bernstein et al.

2.10 Correspondência de esquemas utilizando uma técnica baseada em corpus:

Nesta abordagem de correspondência de esquemas baseada em corpus, é proposto um novo método para a correspondência de esquemas que funciona com base em experiências de correspondência anteriores, ou seja, extrai conhecimentos de esquemas conhecidos e aplica esses conhecimentos para fazer corresponder novos esquemas Madhavan et al.

Estamos a utilizar a abordagem Mapped Knowledge Based para fazer corresponder os esquemas. Para encontrar correspondências através desta abordagem, temos de aplicar o MKB a cada um dos elementos. Por exemplo, se tivermos de encontrar correspondências entre dois esquemas S1 e S2 e se dois elementos do esquema, um de S1 e outro de S2, forem semelhantes em termos de MKB aos mesmos elementos, então podemos dizer que são semelhantes entre si Madhavan et al.

O principal ponto-chave por detrás desta abordagem é a criação de uma estrutura designada por Mapped Knowledge Based (MKB), que transporta todo o conhecimento sobre o domínio S1 e S2 e diferentes técnicas que tentam prever a medida exacta de semelhança Madhavan et al.

O conhecimento que o MKB capta para cada elemento será sob a forma de um modelo de classificadores que são treinados para identificar cada elemento. Para efeitos de classificação, será utilizado o classificador Naive Bayes para resolver qualquer problema de classificação.

Se considerarmos dois elementos que se encontram em esquemas diferentes e que são declarados semelhantes um ao outro na correspondência de esquemas, os dados que utilizamos para treinar o nosso classificador para um desses elementos também podem ser utilizados para treinar o nosso classificador para outros elementos através de informações anteriores Madhavan et al.

Os resultados obtidos com esta abordagem sugerem que o MKB é construído a partir do conhecimento de um corpus de esquemas conhecidos e de mapeamentos anteriores que são considerados mais poderosos, especialmente para a correspondência de esquemas Madhavan et al.

Foi descrito um algoritmo que, inicialmente, descobre os duplicados entre conjuntos de dados com esquemas não alinhados e, em seguida, efectua a correspondência de esquemas com nomes de colunas opacos utilizando os duplicados.

2.11 Correspondência de esquemas utilizando duplicados:

Em seguida, foi proposto um novo algoritmo que permite encontrar eficazmente a maioria dos duplicados possíveis. Em seguida, o nosso algoritmo de correspondência de esquemas pode identificar atributos correspondentes e relacionados através da comparação de valores de dados dentro dos registos. Esta abordagem será muito eficaz, o que pode ser comprovado pelo estudo experimental de Bilke et al.

Na verdade, a deteção de duplicados é um problema que consiste em identificar diferentes representações do mesmo objeto num conjunto de objectos. Essas representações podem ser designadas por duplicados aproximados, uma vez que não são exatamente copiadas umas das outras.

Na fase inicial, efectuámos comparações de semelhança ao nível do campo para cada um dos K duplicados para criar uma matriz de semelhança.

O utilizador considera as não correspondências que estão abaixo da previsão especificada pelo utilizador. Para verificar se a correspondência é perfeita ou não, comparamos a matriz original com a matriz de semelhança e avaliamos com base na sua diferença.

A nova abordagem do DUMAS é utilizada para a correspondência de esquemas enquanto se trabalha na deteção de duplicados. O nosso principal objetivo é encontrar duplicados com tabelas que estão apenas parcialmente sobrepostas ou com esquemas não correspondentes. Encontraremos todos os possíveis duplicados mesmo quando a nossa sobreposição extensional for pequena Bilke et al.

A eficiência desta abordagem pode ser mapeada no mundo real. Temos de distinguir e separar atributos estruturalmente semelhantes mas semanticamente diferentes, como o local de nascimento e a cidade.

Estão a ser efectuados mais trabalhos sobre este assunto, que tentam melhorar a eficiência das medidas e dos esquemas de correspondência com várias tabelas Bilke et al.

2.12 Preenchimento de dados:

A conversão de tabelas HTML legíveis por humanos em tabelas relacionais legíveis por máquinas permite ao utilizador processar a consulta de milhões de tabelas que se encontram na Web. A folha de cálculo oferece uma função integrada que é utilizada para importar as tabelas HTML.

Os autores propuseram um algoritmo que estabelece um método para introduzir tabelas CSV que são importadas para um SGBD relacional a partir da Web. A experiência que realizaram mostra que a abordagem que propuseram pode tratar tabelas complexas, heterogéneas e de grandes dimensões, provenientes de várias fontes, e é rápida para operações de produção. Os autores propuseram o primeiro método de ponta a ponta para a conversão de tabelas aleatórias da Web num formato compatível, que é utilizado para manter a indexação das células de dados e também a estrutura de categorias definida pelo cabeçalho.

O método que propõem depende da deteção de linhas uniformes ou de algumas células vazias que se encontram na parte inferior do quadro ou abaixo do cabeçalho. A transformação do quadro num formato de base de dados benéfico não é impedida pelo aumento da região de dados para incluir as células.

Nas últimas duas décadas, temos visto diferentes publicações que descrevem a conversão de tabelas impressas e mesmo impressas à mão para a sua estrutura de grelha primária. Alguns métodos propostos conseguem, pelo menos, detetar o cabeçalho das colunas. Em tabelas OCR imperfeitas, pode ser aplicado um método que é proposto neste documento. Na nossa indexação e deteção de categorias, é utilizada a correspondência exacta de cadeias de caracteres entre o conteúdo das células e o esquema é melhorado para utilizar a correspondência aproximada de cadeias de caracteres. O número de erros de indexação persuadidos dependerá da exatidão do conteúdo das células das tabelas OCR'd Nagy et al.

2.13 Resumo:

Neste capítulo, foi feita uma revisão de um estudo inicial da literatura, no qual se abordou a tabela, os seus tipos, as técnicas de extração de esquemas e as técnicas de correspondência de esquemas. Discutimos em pormenor as técnicas de correspondência de esquemas baseadas em corpus e duplicadas. Os resultados das diferentes técnicas são comparados e, em seguida, escolhemos a CRF e utilizámos a técnica de correspondência de esquemas baseada em corpus e, com esta, utilizámos também a técnica de correspondência de esquemas duplicados.

CAPÍTULO 3

METODOLOGIA

Discutiremos a metodologia do nosso livro, de modo a atingirmos os objectivos de investigação pretendidos. Em primeiro lugar, será discutido o conjunto de dados que é utilizado para a nossa investigação e também o ficheiro de entrada. Em segundo lugar, será discutida a extração de esquemas e a correspondência de esquemas; também discutimos a correspondência de domínios porque estamos a lidar com um domínio específico, além disso, também discutiremos a população de dados em tabelas Web.

3.1 Conjunto de dados

Os dados relacionais serão apresentados sob a forma de tabelas Web de várias maneiras. Trabalhámos em muitos sítios Web para descarregar diferentes páginas HTML que contêm dados tabulares relacionais. O conjunto de dados recolhido centra-se em domínios que consistem em tabelas Web, como classificações de universidades, perfis de professores, tabelas da Wikipédia, etc. Mas optámos por trabalhar no domínio único do corpo docente universitário. Diferentes páginas Web contêm várias tabelas e estas tabelas podem ter uma tabela dentro de outra tabela. Estas páginas Web são compostas por tabelas simples e complexas e as tabelas complexas são simplificadas em tabelas simples. As tabelas podem ser verticais ou horizontais.

Number of Domain Specific Pages	5000
Number of Tables	9800
Number of Rows	70000
Number of Domain Matching Tables	4000
Number of Other Tables(domain different) Tables	5800

Tabela 6 Conjunto de dados

O nosso conjunto de dados consiste em cerca de 5000 páginas Web que contêm apenas dados relacionados com o corpo docente. Nelas, podem existir diferentes tipos (neste caso, os tipos significam diferentes estruturas de tabulação, formatação de etiquetas dentro da etiqueta <table>) de dados tabulares relacionais do corpo docente da universidade. E estas páginas Web são aproximadamente de todas as universidades do mundo.

3.2 Ficheiro de entrada

As páginas Web são utilizadas como ficheiro de entrada, que deve estar em formato HTML. Várias pessoas trabalharam na extração de esquemas, na deteção de tabelas, etc., e utilizaram páginas Web em formato HTML como ficheiro de entrada, pelo que estamos a trabalhar na população de dados em esquemas de tabelas Web, que é o trabalho alargado da extração de esquemas de tabelas Web, pelo que também utilizámos páginas Web em formato HTML como ficheiro de entrada. Mas como estamos a trabalhar num domínio específico, as outras páginas que não estão relacionadas com o nosso domínio são simplesmente ignoradas. O nosso domínio é constituído por páginas Web relacionadas com o corpo docente, o ensino e o pessoal de diferentes universidades.

3.3 Classe de linha

A tabela, que tem uma estrutura complexa, pode incluir diferentes tipos de linhas que não contêm linhas de cabeçalho e de dados. De acordo com a funcionalidade, a etiqueta da linha, que é um carácter específico de um único alfabeto, é atribuída a cada linha. A figura 8 mostra a definição da classe de linha:

Lafferty et al introduziram originalmente os campos aleatórios condicionais (CRF) para a classificação das diferentes linhas das tabelas Web. Os CRF são também utilizados para a classificação de partes do discurso, como verbos, advérbios, substantivos e pronomes, etc. A CRF tem mais precisão do que os modelos de Markov ocultos (HMM) para o processamento da língua natural (PNL). Para a entrada, são utilizadas as etiquetas da tabela e os atributos visuais para o classificador que já está treinado.

Para a formação, é utilizada uma amostra aleatória que consiste em diferentes tipos de tabelas e outras tabelas são utilizadas para provar o conjunto de dados.

Label	Functionality
T	Title of table mostly table name describing whole domain of table
H	Columns names as cell values define the domain of subsequent data rows beneath.
G	Cluster subsequent rows in a group
D	Data Tuples/Rows define the header
A	Aggregate/total of above rows.
B	Contains on tags which does not have values

Figura 8 Classes de linha

Consideramos agora uma tabela Web, que tem X linhas e Y mostra classes equivalentes que estão relacionadas com as X linhas da tabela de dados. O ficheiro fonte do conjunto de dados é recolhido de diferentes páginas web que podem conter uma estrutura relacional. Como entrada para o programa, se um ficheiro contiver uma estrutura relacional, é dado um nome de ficheiro do qual se pretende extrair o esquema. Todo o ficheiro fonte é analisado pelo programa para identificar as etiquetas de uma <tabela></tabela>. Após a identificação de uma <tabela></tabela>, é processada a linha seguinte. O ficheiro de origem é tomado como entrada e a sequência de etiquetas é devolvida como saída. Esta sequência de etiquetas é processada em Automação, que é mencionada na secção seguinte.

3.4 Extração de esquemas:

As tabelas são classificadas em tabelas relacionais e não relacionais. As tabelas relacionais contêm dados relevantes, enquanto as não relacionais contêm dados irrelevantes. A técnica de aprendizagem automática é utilizada para treinar um classificador que avalia se a tabela é relacional ou não. Após a avaliação das tabelas relacionais, determinamos as linhas de cabeçalho.

Em 68% das tabelas, a primeira linha é identificada como cabeçalhos. Depois de classificar as tabelas em relacionais, estas são processadas para extrair o esquema, que é o nome da coluna e os seus tipos de dados.

Na nossa investigação, analisámos três tipos de dados

1) String: As colecções de caracteres são cadeias de caracteres

2) Inteiro/duplo: conjunto de números ou números decimais

3) Date: contém a data com "/" e "-" que separa os valores dos dados da data

Utilizámos uma lista de listas de cadeias de caracteres para tratar as tabelas de armazenamento em vez de utilizar matrizes bidimensionais, o que é uma forma eficiente e o valor dos dados é mais elevado.

3.5 Correspondência de domínios:

Em primeiro lugar, será efectuada a correspondência do domínio de várias tabelas. Na correspondência de domínios, se o domínio coincidir, isso significa que as tabelas pertencem ao mesmo domínio. Além disso, os títulos das tabelas serão comparados utilizando técnicas baseadas em corpus para treinar o classificador. Para a correspondência de domínios, se os títulos das tabelas corresponderem, significa que o domínio é o mesmo.

3.6 Correspondência de esquemas:

Para tal, utilizaremos a correspondência de esquemas baseada em corpus que funciona com base em experiências de correspondência anteriores, ou seja, extrai conhecimentos de esquemas conhecidos e aplica esses conhecimentos para fazer corresponder novos esquemas. Estamos a utilizar uma abordagem baseada no conhecimento mapeado para fazer corresponder os esquemas.

Para encontrar correspondências através desta abordagem, temos de aplicar o MKB a cada um dos elementos. Por exemplo, se tivermos de encontrar uma correspondência entre dois esquemas S1 e S2 e se se esperar que dois elementos de esquema, um de S1 e outro de S2, sejam semelhantes em termos de MKB aos mesmos elementos, então podemos dizer que são semelhantes entre si.

O principal ponto-chave por detrás desta abordagem é a criação de uma estrutura designada por Mapped Knowledge Based (MKB), que contém todo o conhecimento sobre o domínio S1 e S2 e diferentes técnicas que tentam prever a medida exacta de semelhança.

Faremos corresponder os cabeçalhos das tabelas através de técnicas baseadas em corpus. Criámos um dicionário no back-end da base de dados utilizando um código rígido e guardámos aí todas as palavras-chave possíveis. Os cabeçalhos das tabelas serão comparados com todas as palavras-chave possíveis que estão armazenadas no dicionário e, se os cabeçalhos corresponderem, continuaremos a população de dados.

3.7 População de dados:

Para a população de dados, em primeiro lugar, a chave primária da tabela é comparada. Se a chave primária corresponder, significa que pertence a um registo anterior e, por conseguinte, será combinada com esse registo, não sendo adicionada qualquer nova linha. Se a chave primária não corresponder, será criada uma nova linha e os dados serão inseridos com ela. Além disso, é efectuada a correspondência de uma coluna da tabela. Se a coluna corresponder, os dados serão adicionados a essa coluna e, se não corresponder, será inserida uma nova coluna. Temos de atualizar a base de dados para essa nova coluna e, em seguida, atualizar a tabela inserindo a nova coluna e, depois, os dados serão adicionados à nova coluna.

Estamos a utilizar o ADO.net para a população de dados e todo o trabalho é realizado em tempo de execução da consulta. Sempre que for identificado um novo registo ou uma nova coluna, este será adicionado em tempo de execução.

Faculty-name	Salary	Experience
Sara	28,000	2 years
John	35,000	2 years
Maira	50,000	5 years

Quadro 7 Quadro dos docentes

Staff	Qualification
Iqra	PHD
Ali	M.Phil

Quadro 8 Quadro de pessoal

Faculty-name	Salary	Experience	Qualification
Sara	28,000	2 years	-
John	35,000	2 years	-
Maira	50,000	5 years	-
Iqra	-	-	PHD
Ali	-	-	M.Phil

Quadro 9 Tabelas fundidas

O exemplo acima é um exemplo de população de dados. As duas tabelas pertencem ao mesmo domínio

i.	e., faculdade. Os cabeçalhos de ambas as tabelas serão comparados com todas as palavras-chave possíveis armazenadas no dicionário e ambas as tabelas serão fundidas numa única tabela. Mas o único inconveniente é que, quando fundimos duas tabelas, algumas das células ficarão vazias, como se mostra acima. Algumas das faculdades não têm informações sobre o salário e a experiência e outras não têm informações sobre as qualificações.

3.8 Algoritmo:

1. Input: ← {web page}
2. tables[] ← identifying relational tables(web page)   // using CRF and b+a automaton
3. while(tables[])
4.   find_schema(tables);
5.   Domain ← check_Domain(table[i])
6.   If (database(Domain))
7.   Matching_Result ← Schema_Matching(table[i])
8.   InsertintoDatabase(table[i], Matching_Result)
9.   else
10.   Create_database(table[i])
11.   InsertintoDatabase(table[i])
12.
13.   **Function Definition:**
14.   **f_schema(string table)**
15.   string header← identify_header(table);   //using CRF technique.
16.   datatype_row← finding max probability of datatype in one column's cell.
17.   Output: header+datatype_row
18.
19.   **String datatype(string table)**
20.   cell ← Identifying cells
21.   if(cell is numeric)
22.   cell_datatype ← "numeric"

23.   if(cell is date)

24.   cell_datatype ← "date"

25.   if(cell is varchar)

26.   cell_datatype ← "varchar"

27.

28.   **Schema_Matching (table)**

29.   Result ← Comp(database_Data, incoming_Data)

30.   // database_Data means all the data collection in that domain

31.   // incoming_Data means relational data that is going to be insert.

32.   // result means the matching column_number + row num in case of matching primary

33.   // key.

34.   // this comparison is completed by corpus-based technique.

35.   Return result

3.9 Pseudocódigo: função main()

- initialize relational-tables
- whole-page = read input file say webpage.html
- tables = Split whole-page at <table
- while read all tables
    - If table satisfy CRF rules and B+A automaton
        - add table to relational-table
- while all tables in relational-tables
    - call find-schema (table)
    - take data from database tables if have any
    - domain = compare keywords of domain of database tables with header of table

- if domain matches
    - matching-results = call schema-matching(table)
    - if database have not all columns which are in matching-results
        - alter database-table by adding new columns
    - if primary-key (name) of database matches with row-name in matching-results
        - update database-table by adding data into existing row in database
    - insert data into database-table by inserting new rows
- return

function find-schema(string table)

- header = extract header values from table by using CRF techniques
- while all columns in table
    - while all rows in columns
        - row-data-type = call datatype(string field)
    - column-data-type = max occurrence of data-type in row-data-type

function string datatype(string field)

- check characters in field
- If characters shows numeric data
    - return "numeric"
- If characters shows date-type data
    - return "date"
- If characters shows random characters
    - return "varchar"

function string schema-matching(string table)

- while all fields in header of table
    - header-result += compare database-table header with incoming table header by using corpus-base techniques
- while all primarykey in table
    - primarykey-result += compare database-table-pk with incoming table-pk
- matching-results = header-result + $$$$$$$$$$ + primarykey-result
- return matching-results

CAPÍTULO 4

RESULTADOS E ANÁLISE

Trabalhámos nas páginas Web que contêm dados tabulares relacionais. Todas as tabelas das páginas Web relacionais são estruturadas em termos de domínio da base de dados. Anteriormente, o que acontecia era que, se se estivesse à procura de professores mestres em Jhelum, era necessário visitar muitos URLs para obter os dados. A informação pode ser encontrada num URL e metade no outro URL, o que leva muito tempo e não é eficiente. Propusemos uma solução para este problema utilizando uma técnica baseada num corpus. Fundimos todas as tabelas relacionadas numa única tabela, de modo a que todas as informações relacionadas sejam armazenadas numa única tabela. Desta forma, o nosso tempo é reduzido e esta é uma forma eficiente. O nosso tempo e a nossa eficiência serão melhorados.

4.1 Correspondência de esquemas

A correspondência de esquemas é uma tarefa difícil. Temos tabelas guardadas na base de dados e todas as palavras-chave possíveis estão guardadas no dicionário. O classificador baseado no corpus é treinado para fazer a correspondência entre o esquema e as palavras-chave.

Sempre que for detectada uma nova linha ou coluna, o seu esquema será comparado com a tabela da base de dados, se ambas pertencerem ao mesmo domínio, e depois de combinados os seus cabeçalhos, a linha ou coluna será adicionada na consulta em tempo de execução, que é a forma mais eficiente. Executamos a consulta em tempo de execução e actualizamos a nossa base de dados e a nossa tabela em tempo de execução. Todas as palavras-chave possíveis do dicionário também são correspondidas em tempo de execução. Desta forma, propusemos que a nossa técnica é a mais eficiente e adequada. Os resultados da correspondência de esquemas são aproximadamente 70% correctos, tal como mencionado no documento sobre extração de esquemas (que é utilizado na nossa implementação). Assim, quando o preenchermos na base de dados, a precisão global será de cerca de 65%.

Se o esquema for corretamente extraído, os resultados da população de dados serão aproximadamente 87% ou mais correctos.

Actual Predicted class	Domain Matches Identified	Domain Differ Identified	Total
Domain Matching	2690	1310	4000
Domain Differ Tables	2100	3700	5800
Total	4790	5010	9800

Tabela 10 Matriz de confusão Correspondência de esquemas

Precisão: qual a percentagem de tuplas rotuladas como positivas pelo classificador que são efetivamente positivas.

Precisão = TP / (TP + FP) = 2690 / (2690 + 2100) = 0,56

Recall: que % de tuplos positivos são rotulados como positivos pelo classificador. Até que ponto a informação relevante é obtida do conjunto de dados.

Recuperação = TP / (TP + FN) = 2690 / (2690 + 1310) = 0,67

Sensibilidade: Verdadeiro positivo. Quais são os verdadeiros positivos que são classificados corretamente.

Sensibilidade = TP / P = 2690 / 4000 = 0,67

Especificidade: Negativo verdadeiro. Quais são os verdadeiros negativos que são classificados corretamente.

Especificidade = TN / N = 3700 / 5800 = 0,63

Precisão: % de tuplas do conjunto de dados que são corretamente classificadas.

Precisão = (TP + TN) / Todos = (2690 + 3700) / 9800 = 0,65

Taxa de erro = (FP + FN) / Total = 2100 + 1310 / 9800 = 0,34

4.2 Correspondência de campos (chave primária)

Existem dois tipos de matrizes de confusão, tal como existem duas tarefas principais na implementação. A primeira é a correspondência do esquema, através da qual o esquema das tabelas corresponde ao domínio na base de dados.

Uma vez que o domínio é correspondido, a segunda tarefa importante é saber quais os campos que correspondem à base de dados existente. É a chamada correspondência de campos (chave primária). O novo registo (linha) será inserido em que campo da tabela da base de dados.

Depois de obter estas informações (posições das linhas na base de dados que correspondem à chave primária), os dados relacionais da Web serão inseridos na base de dados numa tabela específica e num campo de coluna específico. Se a nova linha não corresponder a uma linha existente na base de dados, será ignorada.

Actual Predicted class	Field(PK) Matches Identified	Filed(PK) Differ Identified	Total
Field(PK) Matching Tables	22375	13715	36090
Field(PK) Different Tables	2880	11030	13910
Total	25255	24745	50000

Quadro 11 Matriz de confusão Correspondência de campos

Precisão = TP / (TP+FP) = 22375 / (22375 + 2880) = 0,88

Recuperação = TP / (TP+FN) = 22375 / (22375 + 13715) = 0,61

Sensibilidade = TP / P = 22375 / 36090 = 0,62

Especificidade = TN / N = 11030 / 13910 = 0,79

Precisão = (TP + TN) / Todos = 22375 + 11030 / 50000 = 0,67

Taxa de erro = (FP + FN) / Total = 2880 + 13715 / 50000 = 0,33

Com base nas páginas Web das faculdades de todo o mundo, os resultados da correspondência de esquemas são de 65%. Este valor é estimado para 5000 tabelas de páginas Web de faculdades com estruturas diferentes. Se o esquema for corretamente extraído, os resultados da correspondência de esquemas atingem cerca de 87%.

Os resultados estimados da correspondência de campos (PK) para estas tabelas são de cerca de 67%.67% dos campos (PK) são corretamente correspondidos na base de dados. [68% de precisão global para a correspondência de campos. [ou seja, (identificar corretamente as linhas correspondentes + identificar corretamente as linhas não correspondentes) / Total de linhas.

CAPÍTULO 5

CONCLUSÃO E TRABALHO FUTURO

Recolhemos páginas HTML que consistem em dados tabulares. Em primeiro lugar, classificámos os dados relacionais e não relacionais das páginas Web HTML. Em seguida, começámos a trabalhar com dados tabulares relacionais. Em seguida, extraímos o esquema dos dados tabulares relacionais utilizando o campo aleatório condicional (CRF). Guardámos as tabelas na base de dados e criámos um dicionário com todas as palavras-chave possíveis.

Depois de extrair o esquema, o classificador de aprendizagem automática é treinado para corresponder ao esquema utilizando a técnica baseada em corpus. O cabeçalho das tabelas é comparado com todas as palavras-chave possíveis que estão armazenadas no dicionário. Quando os cabeçalhos coincidem, passamos à população e à inserção de dados, tal como mencionado acima, juntamente com o exemplo. Todas as tabelas relacionadas são fundidas numa única tabela com a atualização na base de dados.

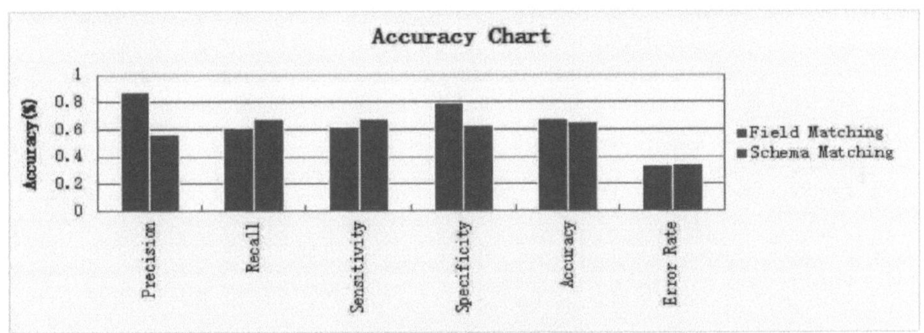

Figura 9 Gráfico de exatidão

Toda a população de dados é baseada numa consulta em tempo de execução. Todo o trabalho é feito em tempo de execução sempre que a linha ou coluna relacionada é identificada, a base de dados é actualizada em tempo de execução e é acrescentada uma nova coluna ou linha. Propusemos esta técnica porque é mais eficiente para os utilizadores. Os utilizadores não têm de visitar todos os URL individualmente, mas acedem a todas as informações relacionadas numa tabela visitando um único URL, o que é muito mais eficiente para obter informações tabulares da Web. Todos os resultados são explicados resumidamente no gráfico seguinte.

Trabalhámos em tabelas Web e na sua população de dados. Este trabalho pode ser alargado a tabelas de ficheiros Excel, Word ou PDF. Além disso, em vez de trabalhar com tabelas simples, também é possível trabalhar com tabelas complexas.

REFERÊNCIAS

M. J. Cafarella, A. Y. Halevy, Y. Zhang, D. Z. Wang e E. Wu. WebTables: Explorando o poder das tabelas na Web. PVLDB, 1(1):538-549, 2008.

L. Lautert, M.M. Scheidt, C.F. Dorneles, Taxonomia e formalização de tabelas da Web, SIGMOD Record 42, 3, 28-33, 2013.

Pinto, D., McCallum, A., Wei, X., & Croft, W. B. (2003, julho).Extração de tabelas usando campos aleatórios condicionais. Em Proceedings of the 26th annual international ACM SIGIR conference on Research and development in informaionretrieval(pp. 235-242).
ACM

Bergamaschi, S., S. Castano, e M. Vincini: Semantic Integration of Semistructured and Structured Data Sources. Registo SIGMOD 28(1), 54-59, 1999.

Palopoli, L., G. Terracina, e D. Ursino: The System DIKE: Towards the SemiAutomatic Synthesis of Cooperative Information Systems and Data Warehouses. Proc. ADBIS-DASFAA, 108-117, 2000.

Madhavan, J., P. A. Bernstein, e E. Rahm: Generic Schema Matching with Cupid. Proc. VLDB, 49-58, 2001.
Rahm, E. e P.A. Bernstein: A Survey of Approaches to Automatic Schema Matching. VLDB J. 10(4), 334-350, 2001.

Shvaiko, P. e J. Euzenat: A Survey of Schema-based Matching Approaches. Journal on data Semantics, IV, 146171, 2005.

Bellahsene, Z., A. Bonifati, e E. Rahm (editores), Schema Matching and Mapping, Springer, 2011.

Euzenat, J. e P. Shvaiko, Ontology Matching, Springer, 2007.

P.A. Bernstein, J. Madhavan e E. Rahm. Generic Schema Matching, dez anos depois, PVLDB, 2011

J. Laff erty, A. McCallum, e F. Pereira, "Conditional random fields: Probabilistic models for segmenting and labeling sequence data", em Proceedingsof ICML, pp. 282-289, 2001.

Nagy, G., Embley, D.W., Seth, S.: Conversão de ponta a ponta de tabelas HTML para preencher uma base de dados relacional. In: 11.º Workshop Internacional da IAPR sobre Sistemas de Análise de Documentos, pp. 222-226. Sociedade de Computação IEEE, Troia (2014)
Chen, H. H., Tsai, S. C., & Tsai, J. H. (2000, julho).Tabelas de mineração de textos HTML em grande escala.In Proceedings of the 18th conference on Computational linguisticsVolume 1 (pp. 166-172).Association for Computational Linguistics.

J. Wang, Z. Wang, H. Wang e K. Q. Zhu. Compreensão de tabelas na Web. Relatório técnico, Microsoft Research, 2010.

S . Chawathe, H. Garcia-Molina, J. Hammer, K. Ireland, Y. Papakonstantinou, J. Ullman e J. Widom. "O TRIMMIS

T   .Kirk, A. Levy, Y. Sagiv e D. Srivastava. "The Information Manifold", Proc. the AAAI Spring Symp. on Information Gathering from Heterogeneous, Distributed Environments, 1995, 85-91.

Wang, J.-Y., e Lochovsky, F. Extração de dados e atribuição de etiquetas para bases de dados da Web. WWW-03, 2003.

R. Zanibbi, et al., A survey of table recognition: Models, observations, transformations, and inferences, 2004, International Journal of Document Analysis and Recognition, pp. 1-16, vol. 7, No. 1.
Das Sarma, Anish, et al. "Encontrar tabelas relacionadas". Actas da Conferência Internacional ACM SIGMOD 2012 sobre Gestão de Dados. ACM, 2012.

Balakrishnan, Sreeram, et al. "Aplicação de WebTables na prática". CIDR. 2015.

Crescenzi, Valter, Giansalvatore Mecca e Paolo Merialdo. "Roadrunner: Towards automatic data extraction from large web sites." VLDB. Vol. 1. 2001.

Nagy, George, et al. "Extração de dados de tabelas da Web: The devil is in the details". Análise e Reconhecimento de Documentos (ICDAR), Conferência Internacional de 2011. IEEE, 2011.

Cafarella, Michael J., et al. "Desvendando a Web Relacional". WebDB. 2008.

Fang, Jing, et al. "Deteção e classificação de cabeçalho de tabela". AAAI. 2012.

Adelfio, Marco D., e Hanan Samet. "Extração de esquema para dados tabulares na web". Proceedings of the VLDB Endowment 6.6 (2013): 421-432.

Madhavan, Jayant, et al. "Corpus-based schema matching". Engenharia de dados, 2005. ICDE 2005. Actas. 21ª Conferência Internacional sobre. IEEE, 2005.
Bilke, Alexander, e Felix Naumann. "Schema matching using duplicates". Engenharia de dados, 2005. ICDE 2005. Actas. 21ª Conferência Internacional sobre. IEEE, 2005.

Printed by Books on Demand GmbH, Norderstedt / Germany